Ozias Eleke

Juste trente années...

Ozias Eleke

Juste trente années...

Éditions Muse

Imprint

Cover image: www.ingimage.com

Publisher:
Éditions Muse
is a trademark of
International Book Market Service Ltd., member of OmniScriptum Publishing Group
17 Meldrum Street, Beau Bassin 71504, Mauritius
Printed at: see last page
ISBN: 978-620-2-29750-9

OZIAS ELEKE

JUSTE TRENTE ANNEES...

A

Toutes les personnes ayant été victimes d'abus quel qu'il soit.

« Dans un monde où l'appât du gain facile affleure, l'abus de confiance se banalise et la perversité prolifère, se taire serait cautionner cette bêtise humaine. »

Mes sincères remerciements vont à l'endroit de :

Mon père ELEKE

Ma mère FOUTAGANMI

Mes frères et sœurs

Esther YANYENOUBA

Mention spéciale à mon grand TCHAO-INA Valéry pour son soutien multiforme.

Chapitre 1

Tout est parti d'une banale rencontre un soir d'été avec Naassène. Dans une Afrique en quête de son identité, perdue dans la réclamation d'un panafricanisme assumé par certains de ses fils ancrés dans une africanité originelle ayant pour piédestal la conservation des traditions ancestrales et l'ouverture à la mondialisation prônée par une autre frange de ses fils, héritage des peuples occidentaux au passé colonial sulfureux. Dans cette cacophonie d'idéologies abstraites pour la plupart, le réel défi demeure celui du développement qui doit nécessairement par une diversification de l'économie. En l'absence d'une croissance effective de l'économie qui doit se matérialiser par une amélioration des conditions sociales des peuples considérés à tort comme des marginaux, des voix s'élèvent pour exprimer leurs mécontentements. En marge de cette gestion calamiteuse des institutions étatiques pullulent des groupuscules armés qui sèment la terreur au sein des populations aux noms des revendications sociales, ethniques, religieuses et politiques. C'est dans cette Afrique ou le tableau s'assombrit un peu plus chaque jour que nous croisons le chemin de Naassène. Nous voici au cœur d'une ville en pleine expansion, une ville qui se veut futuriste, un pôle attractif ou débarque de tout bord une jeunesse ambitieuse, une jeunesse qui ose, qui rêve, une jeunesse qui ne se laisse pas dompter par des sommeils hiémaux. Bref, nous sommes à un carrefour de cultures, de rêves, d'ambitions, un melting-pot social. Assis sur un banc public dans l'attente d'un bus qui tarde à arriver. Dans un air de mécontentement général, des langues se délient peu à peu autour la gestion étatique. Malgré cet univers où la plupart des esprits se sont échauffés, ou les critiques virulentes parsemées de noms d'oiseaux, je remarque que mon voisin de banc est resté indifférent, sifflotant paisiblement un air de musique. Face à cette indifférence peu commune à ses concitoyens, je me permets de l'aborder afin de comprendre son comportement. Décomplexé, il s'évertue volontiers de me raconter son histoire, celle qui a favorisé le développement du sentiment d'indifférence chez lui.

Naassène, un jeune trentenaire, les cheveux grisonnants et les yeux luisants d'une détermination sans pareille. Sa silhouette svelte cachait des blessures internes dignes d'un grand guerrier qui s'est battu avec détermination et conviction contre ce monde de brutes et d'hypocrites. Il est le symbole de cette jeunesse qui innove, celle qui émerge de l'ombre cherchant les voies et moyens pour s'offrir une vie de rêve, une indépendance économique et social. Naassène nous livre le récit de sa vie, le témoignage d'une vie parsemée d'embuches. Un méandre qu'il s'est obstiné à traverser avec une foi inébranlable, la foi en une réussite certaine, un bonheur probable. Cette quête sans relâche du bonheur et de la richesse, ou l'a-t-elle menée ?

Naassène est né dans un village situé à des centaines de kilomètres de la capitale. Un village qui survit dans des conditions alarmantes avec pour seule source de subsistance, l'agriculture. Les changements climatiques ont raréfiés les pluies, impactant sur les cultures. Les sols se sont appauvris au fil des années sous l'effet d'une surexploitation agricole. La sècheresse a détruit la forêt, décimé les animaux qui y vivaient. La production agricole s'est diminué de quarte, la vie y est devenue infernale. Les habitants tirent le diable par la queue. C'est dans cet environnement hostile et précaire que Naassène fit ses études primaires et secondaires dans le seul établissement public du village. Une école constituée de six hangars qui servent de salles de classes et d'une chambre en toit de chaume faisant office de bureau administratif. La section primaire faisait cours dans la matinée et le collège dans l'après-midi. Dans les salles de classes, les élèves restaient à même le sol ou sur des troncs d'arbres qu'ils prenaient la peine d'apporter de chez eux. Les quelques enseignants vacataires de ce complexe scolaire oublié de leur tutelle s'évertuent à donner aux élèves tous les cours figurant dans le programme officiel quitte à cumuler plusieurs disciplines. Malgré la misère criarde dans laquelle vivaient ses parents, Naassène effectua ses études avec brio. Sa famille s'était sacrifiée pour sa réussite. Il arrivait parfois que sa famille passait plusieurs jours affamée juste pour pouvoir payer ces frais de scolarités ainsi que ces fournitures d'études. Naassène ne manquait de rien sur le plan scolaire. Il était sur la même longueur d'onde que ses camardes dont les parents étaient plus nantis que les siens. Il constatait quotidiennement avec amertume le sacrifice que faisait sa famille afin qu'il puisse étudier. Il s'est donc juré de réussir qu'importe les difficultés, qu'importe les moyens à user. Il se mit donc résolument au travail, ne se laissant aucunement distraire. Naassène faisait partie des meilleurs élèves de sa classe, faisant ainsi la fierté de ses parents. Une fierté qui consolait leurs cœurs meurtris, affligés par une souffrance épouvantable. Ils croyaient tous en sa réussite, celle qui sonnera le glas de la misère. Une réussite qui changera leurs conditions de vie, leur redonnera le sourire qui depuis des lustres a quitté leurs visages. De ce fait, il est l'homme sur qui repose l'espoir de toute une famille, une famille désemparée par les atrocités que la vie lui a fait subir.

Combattre dans la vie ne consiste pas seulement à livrer des grandes batailles mais résister face à l'oppresseur, face aux maux qui minent notre quotidien. Ne jamais s'avouer vaincu car le mal réside en nous tout comme le bien, il ne se manifeste que quand le terrain lui est propice comme les poissons qui s'hibernent dans la boue en saison sèche et qui en ressortent au retour des pluies. La vie offre des choix à chacun de nous mais elle nous ôte le privilège de les connaitre au préalable en conditionnant la plupart des choix. Même si parfois, on dit que la pauvreté n'est pas héréditaire, certaines conditions de survie au sein des familles nous amènent à contre cœur à perpétuer cette hérédité que nous rejetons de toutes nos forces sans pouvoir malheureusement y arriver. Quand je me rappelle de mon parcours au secondaire, face à toutes ces difficultés rencontrées que je m'en suis sorti in extremis. Je ne peux m'empêcher de rendre gloire à l'éternel car ceci ne peut être que le fruit de mon destin!

Titulaire d'un diplôme universitaire de second cycle à seulement vingt-trois (23) ans, je rêvais d'une vie apaisée, loin des tourmentes de celle que j'avais connue jusqu'ici. Contrairement à beaucoup d'enfants qui n'avaient pas la chance d'être scolarisés, qui pour certains étaient exploités dans les plantations et les mines, violés et violentés pour des raisons pécuniaires, pour d'autres enrôlés de force dans des milices comme enfants soldats ; mes parents avaient consenti beaucoup de sacrifices pour me scolariser en dépit de toutes circonstances malencontreuses. Normalement, je dois m'estimer chanceux au vu du calvaire que subissent d'autres enfants. Jusqu'à présent, beaucoup d'enfants subissent divers types de violences et sont abandonnés à leur triste sort. Ils vivent leurs traumatismes en silence, s'obligeant à accepter et à légitimer ces violences physiques, psychologiques et sexuelles dont ils sont victimes quotidiennement. Finalement, que des mécomptes qui brisèrent ma vie à jamais. A la recherche d'un emploi qui me permettra de subsister, mes quêtes furent vaines. La kyrielle de dossiers postulés ca et la restait sans suite. La pléthore des bureaux visités me signifiait une fin de non-recevoir. J'étais déboussolé et désemparé. Ne sachant que faire, moi qui m'était évertué à être le major de ma promotion à l'université car je croyais en un système éducatif performant qui devait me permettre de réaliser une mobilité sociale, moi le fils du pauvre paysan, l'unique espoir de ma famille. J'ignorais cependant qu'il y avait un gap entre le système éducatif et celui de l'emploi que seuls ceux qui avaient la veine franchissaient. Le taux d'employabilité des jeunes diplômés est très faible dans tous les secteurs économiques. La création d'emploi étatique ou privée est quasi-inexistante. A ces chiffres alarmants, viennent s'ajouter le clientélisme et la corruption. Ce qui rendait impossible l'accès à un emploi quel qu'il soit à un pauvre fils de paysan qui n'avait pas les moyens nécessaires pour corrompre, ni un mentor qui pouvait le parrainer. Le chemin de la quête de l'emploi devient un cul-de-sac ou s'effectue une course du désespoir, une course effrénée vers un objectif inatteignable. Mon rêve d'exploit de mobilité sociale devint une utopie.

La branche de ma vie a été sciée, elle est sur le point de se séparer du tronc de l'arbre qui la porte. Après tant d'illusions, tant de fausses espérances, j'essaie de m'adapter. La vie m'a réservé un lot de mécompte que j'essaie de surmonter chaque instant. L'impatience est un cancer qui ronge lentement et en silence. C'est une bombe à retardement qui n'attend que vous appuyez sur le détonateur pour qu'elle explose. Elle est soit issue d'un regain d'orgueil propre, d'un égo démesuré soit elle nous y conduit. La forge du caractère dans nos cultures débute très tôt au sein des familles ou l'on apprend déjà aux enfants de ne pas contrarier plus fort qu'eux. La soumission est apprise aux enfants comme étant une valeur morale, une vertu non négligeable. Ignorant délibérément mon éducation rigoureuse d'enfance, j'avais décidé de passer outre, traçant mon propre sentier, fixant mes principes selon mes ambitions, mes attentes.

Contrairement à d'autres jeunes de mon âge qui préféraient choisir le chemin de la migration vers l'occident, j'avais opté pour rester dans mon pays, une patrie que j'affectionne tant. Je m'étais décidé de me battre jusqu'à l'usure pour montrer à tous les jeunes qu'il était possible de réussir dans ce pays malgré les méfaits de la mauvaise gouvernance étatique et la persistance des préjugés. D'ailleurs, même si l'idée d'émigration m'effleurait l'esprit, ma famille ne pouvait se permettre le luxe de payer les frais du voyage qui s'élevait à plusieurs millions de francs CFA. Toutefois, je ne cessais de dire à ceux qui aspiraient prendre la route de la migration d'investir plutôt cette bagatelle qu'ils comptaient dilapider dans ce projet fort risqué à l'issue incertaine dans des activités rentables, pourvoyeuses de devises et peut-être d'emplois. Il y'a beaucoup de personnes qui débutent des activités génératrices de revenus à succès avec des sommes dérisoires et sont à la recherche de centaines de mille de francs CFA (colonies françaises d'Afrique) pour augmenter leurs chiffres d'affaires et par ricochet la rentabilité de celles-ci mais hélas... ils n'obtiennent que des fins de non-recevoir devant un système bancaire méfiant et des agences de microfinance engrenés dans un cercle vicieux. Il ne sert donc à rien de parier sa vie dans le désert, maltraité et désabusé par des passeurs véreux, affronter les vagues géantes de la méditerranée sur des bateaux gonflables, méprisé et hais dans les ruelles des villes occidentales. Dans ces villes aux apparences paradisiaques, règne une xénophobie sans pareille attisé par des groupuscules extrémistes qui ne supportent pas la présence d'individus ayant une couleur de peau ou une religion différente de la leur. Le monde occidental a érigé la haine d'autrui en règle sociale prônant la xénophobie à cor et à cri. Cette xénophobie est malheureusement cautionnée par les politiques qui ne font rien de concret et de pragmatique qui puisse mettre un terme à celle-ci. Ces politiques agissent avec magnanimité et flegme en contournant le problème au lieu de l'affronter de front comme des caresses autour d'une blessure saignante.

Ayant connaissance de tous ces risques et mépris encourus lorsqu'on envisage de migrer vers l'occident, je m'étais persuadé de rester dans mon pays. C'est alors que je me mis à chercher les voies et moyens qui me permettront d'intégrer ce système de gouvernance régit par des considérations et affinités familiales, claniques, ethniques, politiques et amicales. Je me devais d'affronter ces dirigeants et leurs décisions iniques, cyniques et viles ; tracer ma voie dans une forêt dense de lianes entrelacées entre les arbres et d'épines. Dans cet environnement hostile, il me fallait avoir un mental hors norme paré à toutes épreuves. Très vite, j'acquiers des capacités favorables à une insertion dans ce système. Courageux, déterminé, téméraire et patient, je naviguais à contre-courant dans les méandres de la vie. Pendant cette bataille, j'avais croisé le chemin des négationnistes professionnels qui n'étaient d'accord avec rien. Ces négationnistes critiquaient à longueur de journée sans pouvoir être capable de proposer des tentatives de réponses ou de solutions aux réalisations des autres qu'ils désapprouvaient avec fermeté. Remettre en cause toute initiative n'étant pas sienne était tout ce qu'ils savaient faire. Au départ, ignorant de ce qu'ils étaient réellement, leurs critiques étaient une douche froide pour moi, une vraie source de démotivation. A force de les croiser leur chemin, j'avais fini par découvrir leur nature inique et sournoise. En fait, c'étaient des individus dépourvus d'initiatives personnelles qui en aucun cas ne peuvent innover vu qu'ils étaient des nostalgiques affirmés du passé dont ils brandissaient avec fierté comme une époque faste, une époque d'or et de lumière.

Un jour, extenué par les souffrances du quotidien, je me rendis au bord d'une rivière pour changer d'air, oublier un tant soit peu les affres de mon existence. Assis sur le sable, les pieds dans l'eau, je méditais profondément. Comment pourrais-je construire mon avenir ? Quelles seraient les voies et moyens pour y parvenir ? Dans ma tête s'entrechoquaient incessamment des tonnes de questions sans réponses. Au passage d'un troupeau de moutons conduit par un berger, me vint à l'esprit les notions de solidarité, d'entraide... Est-ce en se confiant aux autres qu'on pourra grandir et réaliser ses projets ou bien en se recroquevillant sur soi-même ? J'étais confus, perplexe face à ces pensées ésotériques. Si on devrait se confier aux autres, cette confiance devrait-elle être aveugle ou censée ? Je m'efforçais de ne pas y penser, espérant que de cette manière mes problèmes s'en iraient. Mais hélas, les problèmes et difficultés ne disparaissaient pas comme sous l'effet d'une baguette magique. Que je m'endormais ou que je me saoulais, ils ne disparaissaient pas mais au contraire s'amplifiaient. Je me trouvais à l'estuaire de la vie, naviguant entre bons et mauvais choix. Résigné mais combattif, dépourvu de moyens mais jamais abattu.

Les méditations quand elles sont réelles et fondées sur des idées joyeuses ne peuvent qu'apporter que bonheur, joie et bien-être mais celles fondées sur des utopies, des mythes, de la science-fiction, sur la probable apocalypse ne peuvent qu'engendrer dépression, déprime pouvant conduire à l'exécution des crimes crapuleux et au pire des cas au suicide.

A l'obtention de mon diplôme, j'étais persuadé que le monde du travail m'attendait les bras ouverts. J'étais impatient de l'affronter, certain d'y trouver ma place. Je réunissais dans un bref délai les pièces afférents au dossier de postulation à l'intégration dans la Fonction Publique grâce au sacrifice financier de mes parents tant aimés. Tout joyeux, je me rendis au ministère de la Fonction Publique où je pus déposer aisément mon dossier d'intégration. Malgré les témoignages accablants à l'encontre de cette institution étatique, je ne daignais les croire car je considérais tous ces témoignages pour des supputations viles. Quelques mois passèrent, le temps se faisait élastique, l'attente longue, mes espoirs s'amincissaient peu à peu. Dans cette atmosphère de lassitude, d'une attente lascive, il me fallait trouver au plus vite des réponses à mes interrogations afin de dissiper le nuage d'inquiétudes qui trône au-dessus de mon existence. C'est alors que je me rendis de nouveau au siège du ministère de la Fonction Publique dans l'optique que les responsables en charge du traitement des dossiers d'intégration puissent éclairer ma lanterne. A mes interrogations, ils furent réceptifs malgré leur attitude peu aimable. L'un des agents que j'avais rencontré me révéla l'envers du décor, la vérité qui se cachait entre les murs de ce beau bâtiment, véritable chef-d'œuvre architectural. Il me confia que des dizaines de milliers de dossiers d'intégrations s'empilaient dans des boites et ce depuis plus d'une dizaine sans qu'aucune suite ne leur soit accordée. Les quelques rares recrutements qu'ordonnait l'Etat s'effectuaient hors des circuits conventionnels, empruntant des pistes sombres. Entre les pistes du parrainage et de la corruption, le quota de recrutement s'y perdait. Ce quota se partageait tel un gâteau entre les gros bonnets et leur entourage, laissant au dépourvu le diplômé ordinaire. Le recrutement suivant le mode du remplacement numérique était une chasse gardée des hauts dignitaires. A l'entente de ce déballage macabre, face à cette vérité crue, j'étais écœuré, enragé mais surtout déçu. Comment pouvait-on comprendre qu'une poignée de personnes influentes puissent verrouiller tout un pan de l'Etat ? Débouter et déboussoler toute une jeunesse qui aspire à travailler, apporter sa contribution à l'édifice de la nation ? D'autre part, Certains politiques maniaco-opportunistes profitent de la situation précaire de la jeunesse pour l'utiliser à leur guise au profit de leurs désirs égoïstes et leur appétit insatiable. Avec des discours facondes qu'ils rédigent avec grand soin, parsemés de gros mots et d'expressions grotesques dont ils sont si friands, ils usent et abusent d'une jeunesse désespérée par tant d'années d'une quête sans fin d'une condition modeste de vie, fanée par tant d'années de chômage. Cette jeunesse se laisse berner car elle croit en un sursaut patriotique, elle croit entrevoir la lumière au bout du tunnel mais hélas son calvaire ne fait que s'empirer. Elle est appelée à soulever contre le régime en place. Elle laisse des plumes dans les manifestations contre le pouvoir en place. Son sort n'émeut personne, même pas ses commanditaires. Pie, elle se voit déposséder de ses maigres économies obtenus à coups de sueur pour soutenir son leader. Pendant qu'elle crève dans la misère dans les bidonvilles, lui, mène une vie de luxe d'une insolence peu commune dans un quartier huppé. Il se pavane dans un cortège ostentatoire comme s'il était déjà le président de la République (connaissant la vie que mènent nos dirigeants). Oh ! N'oublions pas qu'il est après tout le président de son parti politique. Pathétique !

La seule alternative qui restait pour cette jeunesse était l'entrepreneuriat. N'étant plus maitre de son destin, elle était contrainte de s'y essayer.

L'entrepreneuriat dans nos pays est un domaine peu connu du public car les entrepreneurs et les Etats ne sont disposés à le vulgariser, le conservant jalousement faisant de celui-ci leur chasse gardée. Ils n'ouvrent aucunement les portes du réseautage Arrivé à déclarer son entreprise auprès des institutions étatiques en charge du département est un véritable parcours du combattant parsemés d'obstacles. Non seulement le clientélisme y est légion, la corruption y a pris ses quartiers, s'érigeant en norme. Ce sont ces comportements peu orthodoxes, néfastes pour le monde des affaires qui contraignent beaucoup de gens à prospérer dans l'informel et cela constitue un énorme manque à gagner au fisc. Pauvre de mon état, j'ai dû renoncer à ouvrir mon entreprise.

Les multitudes de formations en entrepreneuriat organisées à l'intention des jeunes sont pour la plupart des sessions d'arnaques soigneusement orchestrés par des personnes sans foi ni loi qui cherchent savamment à endormir la jeunesse au profit de leurs intérêts égoïstes. Quelle mesquinerie ! Ces sessions de formations consistent à livrer lecture des documents téléchargés sur le moteur de recherche Google. Nonobstant l'abus de confiance qu'ils usent, ces organisateurs fixent des frais de participation exorbitants, rackettant ainsi cette jeunesse qui trime pour subsister. Les attestations de participation (que d'autres s'octroient le privilège d'appeler diplômes) délivrées n'ont aucune valeur et deviennent des trophées que ces jeunes brandissent avec fierté comme pour se consoler au vu de leur embourbement dans la misère. Leurs sacs deviennent des bibliothèques pour attestations de formation en entrepreneuriat. Rares sont ceux qui arrivent à lancer leur entreprise à l'issue de ces pseudo formations. Dépourvu d'issue fiable pour rejoindre ne serait-ce que le plus petit réseautage, je finis par soumettre mon projet d'entrepreneuriat au ministère de la promotion des Petites et Moyennes Entreprises (PME) pour obtenir un financement. Grande fut ma surprise quand trois mois plus tard, mon projet porteur d'avenir fut attribué à un homme d'affaires proche du pouvoir. Mes multiples plaintes auprès du ministère et des entités judiciaires restèrent sans suite. Je ne pouvais me pourvoir au-delà car ma voix ne portait aussi loin. J'étais issu du bas peuple, une frange de la population qui n'a aucune influence ni considération dans la haute sphère étatique. Je ne pouvais que pleurer mon triste et lamentable sort. Il était impératif que je me résolve à poursuivre avec mon petit commerce de rue dans la soirée, un commerce qui malgré son faible rendement de quoi m'acquitter de mon loyer. Loin de moi, l'époque où je pourrais m'extasier.

N'ayant pu entreprendre compte-tenu des embûches volontairement placés sur mon chemin par mes ainés dans le domaine, je me résolu à chercher un emploi dans le secteur privé malgré les supputations entendus çà et là. Déterminé à faire le tour de toutes les entreprises s'il le fallait, marcher à longueur de journée sans pouvoir m'accorder du repos si cela devrait être l'ultime sacrifice qui me permettra de décrocher un emploi. Lorsque je fis mon entrée dans les locaux d'une société de la place. Je m'adressais au secrétariat de la direction des ressources humaines. Les salutations étaient chaleureuses jusqu'à l' instant où je fais savoir à la secrétaire que j'étais à la recherche d'un emploi. Son visage se tendit, sa gorge se resserra. Pour m'expliquer que la société ne disposait plus de poste à pourvoir, elle se lança dans un discours prolixe et faconde à n'en point finir. Elle allait me prendre toute ma matinée si je ne l'interrompais pas. Ma déception fut grande, la tristesse se lisait sur mon visage. Je remis avec peine mes dossiers dans mon sac à dos. Les jambes lourdes, je quitte les locaux de l'entreprise dodelinant. Malgré cette énième déconvenue, je me convaincs au travers des propos plein de sens et réconfortants que mon père ne cessait de me les répéter quand il en avait l'occasion : « Mon fils, ne fléchis jamais face à l'adversité ; chaque jour ayant son lot d'évènements. Ton courage et ta détermination seront récompensés tôt ou tard ». C'est ainsi que la flamme d'espoir qui scintille dans mon cœur se maintenait en vie.

Le temps s'écoulait lentement à mes yeux sans qu'il n'y ait un peu d'éclaircie dans ma vie. Etrangement, Les jours se succédaient avec des contenus identiques. Je ne faisais que renâcler les bureaux des sociétés comme une bête sauvage enragée à cause des propos saugrenus qu'ils tenaient à mon encontre. Le sommeil devenait l'exutoire de ma colère, le seul moment où je n'avais pas de hauts les cœurs. Une routine s'installait progressivement dans ma vie. Puis un jour, pendant ma quête d'emploi, j'ai été approché par un ami qui me proposa son aide. Déboussolé et n'ayant plus d'espoir, j'acceptais la proposition de mon ami en me disant que c'est peut-être l'éclaircie qui devait ramener la lumière dans mon existence. Il présenta à l'une de ses connaissances qui était le gestionnaire d'une société de gardiennage. Etant un affamé du travail, j'acceptais le travail qu'on me proposa sans pour autant exiger la signature d'un contrat de travail qui d'ailleurs n'existait pas dans cette société, ni demander le montant de ma rémunération. On m'intégra dans une équipe de nuit qui assurait la sécurité devant des auberges, des night-clubs et aussi chez des particuliers. Les postes n'étant pas fixes, on effectuait la rotation des postes avec mes collègues. Avec des équipements précaires (une tenue légère et une paire de rangers), nous étions abandonnés à notre triste sort, déambulant entre les moustiques qui piquaient à volonté et les noctambules de peu de foi qui rodaient à la recherche de leurs proies. Ces enfants de la nuit qui pour des miettes sont prêts à ôter des vies humaines.

Seul maitre de ma vie dans cette nuit noire infestée de truands, de magiciens sacrificateurs. Je me défendais comme je pouvais pour rester en vie. Les nuits d'éveils qui se succédaient me rendirent insomniaque. Trois mois entiers passèrent sans que je ne perçoive le moindre centime. La direction de la société à laquelle je faisais partie usait de ruses, inventant tous les scenarios inimaginables pour trouver les raisons du non-paiement de mon salaire. Débute alors une nouvelle bataille, celle de la réclamation de mon salaire. Dans cette succession d'évènements malheureux, j'avais hululé comme un hibou constatant impuissant le terreau immense qui existe entre le sein de ma mère et le monde dans lequel je me trouvais. Je me débattais avec fureur comme un gorille en cage qui tente vainement de s'en échapper.

La vie n'est pas aussi facile que l'on croit. Elle n'est belle que si on se contente de ce qu'on a sauf qu'il n'est pas possible de s'en tenir à ce que l'on possède car en réalité nous ne possédons rien. C'est ainsi que la vie nous amène à nous imposer les défis fous qui relèvent de l'utopie. Elle nous dépouille de notre âme innocente et nous force à trahir nos principes. Loin de nous cette époque d'insouciance, cette merveilleuse époque ou gisait en nous un esprit angélique nous procurant que du bonheur pur. Je suis nostalgique de cette époque, de ce paradis car la vie a fait de moi un Belzébuth. Il m'arrive de penser à des solutions désastreuses mais l'amour que je porte à mes parents m'en empêche et me donne du courage afin de persévérer dans ma quête. Le courage, la persévérance ! Oui ! Mais jusqu'à quand ? J'ai longtemps joué et je continue de jouer les ''durs'', j'ai mené une double vie laissant paraitre une apparence tout aussi flatteuse ; j'ai flanché, je suis tombé mais je me suis relevé instantanément car j'avais foi en mon objectif et pour cela j'ai fait du courage et de la persévérance mes leitmotiv tout en sachant que chaque seconde qui s'égrène n'apporte que des lots supplémentaires de souffrance. J'ai appris que la vie n'appartient qu'à ceux qui se battent jusqu'à l'usure. Oui, ceux qui se battent quotidiennement sans relâche, ceux qui n'ont que la persévérance pour leitmotiv. La vie est comme une pin-up pour qui les hommes font des yeux doux. Pour qu'elle puisse vous sourire, il va falloir vous armer de courage et de patience, user de tous les stratagèmes pour qu'elle tombe sous le charme de votre travail, votre ténacité. Rien d'autres ne tombe du ciel à part la pluie et la neige. Il ne sert donc à rien de croiser les bras et attendre un signe de la providence. Qui attend la providence, se nourrira de victuailles pourries. Il farfouillera dans les immondices pour y trouver sa pitance. Il mangera ce qui tombera de la table des autres comme un vulgaire chien de la casse. Sa langue pendra, haletante comme celle d'un chien assoiffé. Il élira domicile dans les chenils. Dans ses yeux, se verront une haine viscérale du monde et une tristesse profonde. Il proférera des grossièretés à longueur de journée, maudira tous ceux qu'il verra, rependra des mensonges autour de lui. Sa langue aiguisée comme celle d'une vipère ne s'autorise guère de repos. Tout ceci dans le seul but de nuire aux autres. Il souhaite vivement à tout le monde, une vie misérable pire que la sienne. Son attitude est exécrable, sa compagnie insupportable. Il s'adonne à toutes sortes d'écueils qui rendent sa progression, son épanouissement énigmatique. Il croit fermement être victime de la déveine. Qui condamner ? Lui ou la providence ?

Chapitre 2

Moi Naassène, je suis un jeune ayant plein d'ambitions. Je sais ce que j'aimerais dans la vie. Chaque soir, couché sur mon lit, contemplant le plafond de ma demeure, je planifie ma vie retournant dans ma tête les voies et moyens pour faire d'elle une belle et inspirante histoire. A mon réveil, tout s'assombrit. Rien ne se déroule comme je l'avais prévu à la veille. Le décor se repeint en noir par l'entremise des employeurs sceptiques, des investisseurs réticents... un monde du travail hautain qui procure tant de dégoûts que de stress. Le meilleur moment de chacune de mes journées est l'instant ou je m'endors. C'est pendant ce moment que je me laisse aller à l'extase. Le réveil matinal est pour moi une source de choc émotionnel car je me dois d'affronter ce monde infesté d'hypocrites qui me donne la chair de poule.

Après deux années entières de chômage, je croisais le chemin d'un jeune homme, la trentaine révolue. Il était affable et généreux envers moi. Il ne cessait de vanter les mérites d'un cercle d'amis qui lui a ouvert les portes du succès. Je l'écoutais la bouche béante, j'avalais chacun de ses mots avec un appétit d'ogre. Je voyais à travers lui et son cercle d'amis, une réelle opportunité de changer de vie. Je simulais dans mon esprit le bonheur plausible que pouvait m'apporter une vie de riche. Débordant de naïveté, aveuglé par la recherche acharnée de la richesse et motivé par un vécu atroce qui me hante, je lui proposai de me faire connaitre à son cercle d'amis, chose qu'il fit avec empressement. Quelques jours plus tard, il vint me chercher un peu tard dans la soirée pour aller à la réunion de leur amicale. Au fait, son cercle d'amis était un groupe d'entrepreneurs ayant le vent en poupe qui s'étaient constitués en consortium. Grande fut ma stupéfaction d'être en face d'éminentes personnalités, des personnalités dont l'aura avait dépassé les frontières géographiques de mon pays. J'étais convaincu que je venais enfin de frapper à la bonne porte, celle du succès.

C'était dans un hôtel luxueux de la place qu'ils tenaient leurs réunions à la fin de chaque semaine. Vu les emplois du temps surchargés de chacun d'eux, l'horaire du début des réunions était fixé à vingt-deux heures. Je me dois de rappeler que c'étaient les hommes d'affaires les plus influents. Dans la salle de réunion, le décor était époustouflant. On se croirait dans un château royal. L'assemblée m'accueilli avec enthousiasme, ce qui d'ailleurs m'intrigua. Je me posais la question suivante : « Comment se fait-il que des personnes d'un rang social aussi élevé puissent me réserver un accueil tout aussi chaleureux, moi le misérable étudiant en haillons ? ». Mon bienfaiteur me présenta à ses amis et leur expliqua le motif de ma présence parmi eux. Ensuite, ils firent un tour de table de présentation comme pour m'estomaquer, déclinant chacun son identité et sa fortune. Je me sentais humilié, inexistant et inutile dans ce microcosme. Enfin, le président du consortium prit la parole, me souhaita la bienvenue en ces termes : « Mon petit, nous sommes très contents de ta présence parmi nous. Nous constatons avec fierté que tu es un brave jeune qui ose transgresser les préjugés, repousser les frontières de l'impossible. Alors, nous allons t'aider dans ce sens en te permettant de réaliser tes projets. Tout ce que nous exigeons de toi, c'est une loyauté sans faille envers les membres de ce consortium. Nous n'allons pas abuser de ton temps, alors je suggère que ton parrain puisse te ramener chez toi car il se fait tard déjà ». Je tressaillis à l'écoute du mot parrain, une sueur froide dégoulinait sur tout mon corps car j'avais déjà entendu parler du parrainage comme étant l'expression voilée des vicissitudes les plus invraisemblables. Le président me tendit une enveloppe en me conseillant de ne l'ouvrir qu'une fois arrivé à la maison. Je pris l'enveloppe et je quittais la salle de réunion suivi par mon parrain. Mon ami et parrain me raccompagna jusque dans mon quartier à bord de sa berline allemande toute rutilante. J'habitais à la périphérie de la ville, dans un bidonville partageant une cour délabrée et insalubre avec d'autres personnes. Je fis mon entrée précipitamment dans la cour et regagnait en toute discrétion ma chambre. A peine entré que je bu une grande quantité d'eau dans l'espoir d'évacuer le stress causé par tant d'interrogations sans réponses qui tournoyaient dans ma tête. Je pris un souffle et ouvris l'enveloppe, il y'avait à l'intérieur une bagatelle d'un million de francs CFA et une lettre qui m'invitait à me rendre le lendemain à midi dans le bureau du président et m'indiquait le plan du siège social du consortium. Le contact téléphonique du président y figurait aussi. Seule dans ma chambre, je m'étouffais devant ces liasses de billets. L'émotion était à son comble, les rires s'entremêlaient aux larmes. J'étais perdu, ne sachant que faire car je n'avais jamais touché une aussi grosse somme d'argent de ma vie. Je pris un moment de détente pour me vider l'esprit, oublier un tant soit peu ma soirée abracadabrantesque. Malgré les projets de dépenses qui hantaient mon esprit, je m'efforçais de dormir ; chose impossible. Je passais ma toute première nuit blanche non pas par une accumulation de soucis mais plutôt une réussite qui venait de me tomber sur la tête à l'improviste.

Le lendemain matin, extenué par une nuit de réflexions, je fis ma toilette dès les premières lueurs du soleil. Comme la lettre reçue à la veille mentionnait que je devais me rendre au siège du consortium à midi, nous c'est-à-dire moi et les liasses de billets disposions donc de toute la matinée pour nous éclater. Je me disais qu'il fallait que je paraisse élégant quand je me rendrais là-bas. Je pris la décision de me rendre au supermarché et je me procurai un costume trois pièces d'une marque de luxe assorti avec des chaussures d'un montant de trois cent mille francs CFA. Vous trouverez ce montant exorbitant et me passerez pour un vantard. Certes, mais je tenais à briller comme un prince, pour une fois être le centre de toutes les attentions. Ensuite, c'est au tour du salon de beauté de nous recevoir. Après une séance d'une heure où je fus coiffé, massé, épilé, maquillé, manucuré et pédicuré ; la facture s'élevait à quatre-vingt mille francs CFA. Enfin, j'étais fin prêt pour mon rendez-vous avec le tout puissant président du consortium. Il était déjà onze heures, pas le temps de rentrer à la maison. Ne disposant d'aucun moyen de locomotion, je louai les services d'une agence de location de voitures. L'agence mit à ma disposition une berline française avec un chauffeur pour une facture de cent mille francs CFA la journée. Me voilà entrelacé dans les sièges chauffantes arrières de la berline comme un fortuné, savourant un air de salsa dans la fraicheur de la climatisation à l'abri du soleil caniculaire printanier. C'était le plus beau jour de ma vie.

L'impatience est un cancer qui ronge lentement et en silence. C'est une bombe à retardement qui n'attend que vous appuyez sur le détonateur pour qu'elle explose. Elle est soit issue d'un regain d'orgueil propre, d'un égo démesuré soit elle nous y conduit. La forge du caractère dans nos cultures débute très tôt au sein des familles ou l'on apprend déjà aux enfants de ne pas contrarier plus fort qu'eux. La soumission est apprise aux enfants comme étant une valeur morale, une vertu non négligeable. Ignorant délibérément mon éducation rigoureuse d'enfance, j'avais décidé de passer outre, traçant mon propre sentier, fixant mes principes selon mes attentes.

J'arrivais au siège du consortium en fanfare comme un fortuné. Je m'étais évertué à ce que mon premier passage dans leurs locaux paraisse remarquable et inoubliable. Bref, je voulais être impressionnant. La réceptionniste me reçut avec amabilité et m'indiqua le bureau du président. Son bureau se situait au dernier étage d'un immeuble qui en compte dix-huit. Je pris l'ascenseur qui devrait me conduire au dix-huitième étage. A l'intérieur de l'ascenseur, je devins nerveux. Le peur de l'inconnu me tétanisa, je perdis le contrôle de certains de mes membres un tant soit peu. Dans ma tête, tout était c'en dessus dessous. Le dandysme avec lequel je m'étais paré ne pouvait ôter ma peur. J'avais l'impression que mon sang se cristallisait et les habits flottaient sur mon corps. Peu à peu, mon esprit me revenait et le courage avec. Je sortis de l'ascenseur et me dirigea vers son bureau. A peine j'avais toqué à la porte qu'il me l'ouvrit. Comme c'était l'heure de la pause-déjeuner, sa secrétaire et assistance personnelle était absente.

Après des chaleureuses salutations, il proposa qu'on rejoigne son bureau à lui afin de pouvoir discuter des modalités de mon engagement au sein du consortium. La nervosité qui m'inondait se tassa remarquablement. A peine étions nous assis qu'il me tendit un contrat de travail que je devrais parcourir et ensuite signer. Le contrat stipulait que je devrais parcourir être nommé directeur général d'une des sociétés qui constituent le consortium avec un salaire mensuel de deux millions de francs CFA, une berline allemande comme voiture de fonction et un appartement équipé avec un personnel de service dans un quartier résidentiel. Mes larmes coulaient sous l'effet de l'émotion, ne sachant que dire, que faire. C'était trop soudain et trop beau pour être vrai. Je venais de signer un contrat faramineux qui me faisait passer de chômeur à millionnaire. Il appela son coursier, lui remis un document avec tous les détails concernant mon contrat d'embauche et le chargea de s'assurer de ma satisfaction parfaite.

Le conducteur de la voiture de location nous conduisit chez un concessionnaire de voitures afin que nous récupérions ma nouvelle berline toute rutilante et il prit congé de nous, moi et le coursier. Je choisis une berline noire pour paraitre plus sobre. Après avoir récupéré la paperasse afférente, nous voilà en route pour ma résidence de luxe. Je tombais des nues en voyant qu'il s'agissait d'un duplex avec une piscine et un jardin savamment entretenu par un professionnel. Le personnel de service était constitué d'une cuisinière, d'un majordome, d'un jardinier, d'une technicienne de surface et d'un agent de sécurité. Tous m'accueillirent avec respect. Je ne cessais de me pavaner dans la maison, admirant et contemplant le décor d'intérieur plein de fioritures. Le majordome me concocta un festin digne d'un prince. Je me régalai à satiété. Je nageais dans un bonheur absolu procurant une joie de vivre indéniable et une bonne humeur intense. Je n'avais plus le temps d'aller chercher mes affaires dans mon ancienne demeure.

Il était vingt heures lorsque je reçus un message de la part de mon parrain me demandant de les rejoindre à vingt-deux heures au lieu de réunion pour célébrer mon succès. Je ne pouvais refuser puisqu'il s'agissait d'une célébration en mon honneur. A la lecture de la correspondance, je me précipitai dans la salle de bain. Pour la première fois, j'allais prendre un bain dans une pareille salle avec un système automatisé de chauffage et de refroidissement d'eau. Il y'avait aussi une glace dans laquelle je pouvais me regarder entièrement, moi qui auparavant n'avait cette possibilité qu'en passant devant les façades vitrées des immeubles du centre-ville. Tout était si beau autour de moi, l'eau coulait avec une certaine douceur sur mon corps. Je n'avais aucunement l'envie de sortir de sous la douche. L'heure de la célébration avançait à grand pas. Je ne pouvais pas faire mauvaise impression dès le départ auprès de mes bienfaiteurs. Conscient de cela, je sortis alors de la salle de bain. J'enfilais avec empressement une chemise blanche et un pantalon jeans pour paraitre moins extravagant. Il y'avait dans un placard de la chambre à coucher des dizaines de parfums de grandes enseignes de luxe tels que l'Oréal, Dior, Channel, Fendy... Je me parfumais avec un mixage d'au moins trois de ces parfums comme si je m'étais lavé avec. J'étais certain qu'on pouvait me sentir à plus d'un kilomètre. N'étant pas encore détenteur d'un permis de conduire, le coursier du président assurait pour moi le rôle du chauffeur. Il était déjà dans la voiture et n'attendait que moi. Dès que je sortis de l'appartement, on prit la route pour l'hôtel de luxe où devait se tenir la célébration. Tous les autres membres du consortium étaient arrivés à l'avance. Vins et spiritueux de marque, champagnes de luxe coulaient à flots. A mon arrivée, dès que j'entrais dans la salle, tous se mirent à applaudir comme si j'étais une autorité qu'ils vénéraient. Cela ne me sembla aucunement suspect tant j'étais obnubilé par mon ascension fulgurante. L'atmosphère était si festif, si jovial. Ensemble, nous prîmes un toast en mon honneur. N'ayant pas l'habitude de consommer ces genres de boissons, j'essayais de ne pas boire assez, me préservant au passage de toute dérive quelconque. La soirée évoluait tranquillement, nous dansions sur des airs de musiques festives. A un moment de la soirée, le président du consortium me servit un verre d'une liqueur qu'il prisait tant, qu'il ne pouvait tarir d'éloges la concernant. Après que j'eusse dégusté ce verre de liqueur, quelques instants plus tard, je perdis connaissance, m'affalant dans le canapé. J'ignore jusqu'à présent le temps que cela a duré. Quand je repris un peu connaissance, je sentais des douleurs au niveau de mon organe fécal comme si on y enfonçait un bâton. Cette douleur s'intensifiait au fur et à mesure que je revenais à moi. Concours de circonstances, je n'avais pas la force de vérifier la source de cette douleur ni la force de l'atténuer. Malgré cette incapacité soutenue qui me paralysait littéralement, je m'efforçais d'ouvrir les yeux. Je vis des silhouettes qui ricanaient autour de moi. Soudain, la douleur devint insupportable et je perdis à nouveau connaissance.

A mon réveil, je ne pus que constater l'horreur, les dégâts subis par mon organe fécal. Pleurs, colère et honte se joignirent à la symphonie des douleurs. Je passais en l'espace de vingt-quatre heures du chômeur fauché au jeune humilié et désabusé en passant par une vie digne d'un conte de fée. Oui, j'étais riche. Tout était à ma portée, j'étais entouré de biens matériels mais mon innocence s'est enfuit par la petite fenêtre d'en haut sous la violence d'actes sexuels contre-nature. Ma morale sociale s'est éclipsé, ma pudeur s'est évanouie, mon cœur a été transpercé. Il a saigné abondamment et il saigne encore. J'avais honte de moi-même, honte de mon égo démesuré, honte de ma naïveté, honte de ma cupidité sans limites, honte de mon avidité éternellement insatisfaite. Quand je pensais à mes parents, l'envie de suicide m'envahissait. J'imaginais leur désespoir s'ils apprenaient que leur fils n'était qu'un homosexuel, un objet sexuel à la merci des personnes perverses. Ils me renieront à l'instant même et ne voudront plus affaire à moi car j'étais une honte pour la dynastie, une malédiction pour la descendance. Durant toute la nuit, mon corps s'est vidé de ses eaux. Je n'avais plus de larmes pour pleurer, plus de force pour sortir du lit.

La douleur était insupportable. Les déchirures de mon organe fécal me faisaient revivre les atrocités de la veille. Elle me remontait jusqu'à l'estomac me donnant une envie de vomir. Je prenais conscience d'avoir franchi la ligne rouge et que ma vie ne redeviendra plus comme avant. J'étais victime de mes ambitions, victime de mes mauvais choix. J'avais sous-estimé les vicissitudes de ce monde, la cruauté dont étaient capables certaines personnes. Mon incrédulité de jeune ambitieux m'a conduit dans un gouffre. Je ne pouvais m'en prendre qu'à moi-même. J'ai vendu mon corps pour des billets de banques. J'avais beau voulu que tout cela soit un cauchemar et qu'à mon réveil, je vive une vie normale mais hélas !

Dans cet univers de pervers voilé par des entreprises florissantes, j'étais devenu un objet sexuel. Aucun membre du consortium ne voulait que je me marie. Fonder mon propre foyer hétérosexuel était inacceptable à leurs yeux. Je devais rester à leur disposition à tout moment pour assouvir leurs ignobles désirs. Pour l'amour de l'argent, j'avais du obtempérer, céder à tous leurs caprices. Je venais de classer mes rêves de mariage et de fondation d'une famille heureuse au calendre grec. Cette décision fut prise dans la douleur car il était difficile de renoncer aussi facilement à ses vœux. Hélas ! J'avais une épée de Damoclès sur ma tête. Mes situations financière et sociale aisées me remotivaient à accepter de subir cet esclavage homosexuel sans rechigner.

Tout autour de moi, les gens ne tarissaient d'éloges à mon égard. J'étais une source d'inspiration et de motivation des jeunes de mon village. A travers ma réussite sociale, ils croyaient désormais en la mobilité sociale pour certains et en la providence pour d'autres. Ma famille était très fière de moi. Depuis mon ascension sociale, les membres de la famille se pavanaient la tête haute en bombant les torses, clamant haut et fort à qui voulait l'entendre qu'ils étaient membres de ma famille donc des privilégiés. J'avais même été anobli par le chef du village pour mes réalisations dans le village. Il disait que j'étais la lune qui manquait autrefois au village pour que son ciel s'illumine dans la nuit noire. Je ne cesserais de me rappeler d'une phrase qu'il avait prononcé le jour de ma cérémonie d'anoblissement : « Vous êtes un envoyé de nos dieux, le messager de nos ancêtres qui ont enfin décidé de venir à notre secours. Vous êtes la réponse à nos prières, l'exaucement de nos sacrifices... Vous et votre postérité êtes bénis à jamais ! »

A chaque fois que je me décidais à rompre avec ces pratiques obscènes, mes pensées allaient à l'endroit de ceux qui avaient retrouvé le gout de vivre à travers mes souffrances, ceux qui ont été revigoré dans leurs batailles quotidiennes contre la vie. Compte tenu de toutes ces réussites qui en découlaient, je ne pouvais les abandonner en si bon chemin, moi la légende vivante du village. En deux années d'exercice de travail dans le consortium, j'avais fait construire des salles de classe équipées dans l'école de mon village, créer un centre de santé communautaire pour soulager les villageois des évacuations sanitaires sur une dizaine de kilomètres à dos d'âne, forer une dizaine de forages à motricité humaine à travers le village. J'avais pu grâce à mes relations influencé le choix des sites de réalisation de quelques projets étatiques et non gouvernementaux. Ainsi, des travaux de construction d'un lycée moderne et d'un hôpital de référence étaient sur le point de débuter. Grâce à mon apport, le village devint le centre de toutes les attentions. Je devais en être fier, moi le fils du pauvre paysan. Malheureusement, la réalité me rappelait sans cesse la piètre condition de mon existence. A chaque fois que mon téléphone sonnait, le spectre de la désolation et de la déception s'emparait de moi. Toutes mes réalisations n'avaient plus aucune valeur à mes yeux, je ne me remémorais que les douleurs de ma soumission sexuelle. Je n'entendais dans ma tête que le cri d'un jeune désemparé qui cherche éperdument à se défaire du joug de l'esclavage sexuel.

Quelques semaines après mon anoblissement, lorsque j'atteignis mes vingt-sept ans, ma mère commençait à me demander de me marier. Pendant que je leur rendais visite au village, elle m'interpella en ces termes : « Mon fils, je sais que je ne peux décider à ta place ni t'imposer quelque chose. Cependant, je ne peux faillir à mon rôle de mère. Un rôle contraignant et exigeant qui, guidé par un amour maternel infaillible ne peut vouloir que du bien pour son fils. C'est dans cette optique intrinsèque d'assumer mon rôle de mère que je te supplie de te marier». Elle avait prononcé ce discours avec tant d'émotions et un ton plaintif que je ne pouvais refuser. D'ailleurs, qui étais-je pour désobéir à la volonté de ma mère, celle qui avait tant souffert pour moi, dès ma conception jusqu'aujourd'hui ? C'est alors que je lui répondis par l'affirmatif. Aussitôt, on me présenta une jeune fille d'une beauté imparable du village voisin qui habitait déjà depuis peu chez ma mère comme étant celle qui m'était destiné comme épouse par les ancêtres et les dieux du village. Incroyable mais vrai ! C'était ahurissant ! Je tombais de nues car je n'avais en aucun moment imaginé que ces pratiques rétrogrades et barbares pouvaient exister au vingt-unième siècle. Mes parents me firent comprendre que la fille avait été choisie depuis le jour de mon anoblissement car nos coutumes ancestrales n'autorisaient pas l'anoblissement d'un célibataire. Agacé par l'attitude de ma mère qui avait cautionné une décision peu commode à mes yeux, je quittais précipitamment le village écourtant ainsi mon séjour. Sur le chemin du retour, au volant de mon 4x4, j'exprimais ma colère au moyen d'un excès de vitesse. Ce fut une grâce que je sois arrivé sain et sauf en ville. Ma fureur transparaissait aux yeux de tous ceux que je croisais. Mon personnel domestique était pris de panique car ils ne m'avaient jamais vu dans un pareil état. Les jours se succédèrent et la colère se tassa peu à peu. Je revins à des bons sentiments. Une semaine après cette déconvenue, ma mère m'appela et de la manière la plus douce et sincère me présenta ses excuses tout en me comblant d'éloges dont j'étais friand pendant mon enfance. Me rappelant de cette époque faste, mon cœur s'adoucit et je ne pouvais m'empêcher de rire. On venait d'allumer le calumet de la paix à notre manière entre mère et fils.

Ma mère me proposa de passer incessamment au village car la date de l'officialisation du mariage était prévue dans une semaine. Une fois de plus, j'étais pris au dépourvu. Au lever du soleil du jour suivant, me voici en route pour le village. Il me fallait ramener ma mère et ma tante en ville pour qu'elles achètent les objets indispensables pour la réalisation d'une cérémonie réussie car je n'avais aucune connaissance de ces choses. Au soir de la même journée, nous voilà de retour en ville. Après qu'elles se soient reposées et alimentées, je mis à leur disposition une bagatelle de cinq millions de francs CFA. Elles trouvèrent la bagatelle exorbitante mais j'avais dû leur rappeler que je voulais une cérémonie faste de grande envergure qui devrait marquer les esprits pour longtemps. Elles éclatèrent de rire et me chambrèrent en me rappelant la façon dont j'avais quitté le village le jour où on m'avait annoncé l'existence de cette union. Il se faisait déjà tard, alors nous nous séparions, chacun rejoignant sa chambre sur des éclats de rire. Aux premières lueurs de soleil, dès leur réveil, elles s'empressèrent de déjeuner et prirent le chemin des courses, visitant des marchés et des supermarchés, achetant des pagnes de valeurs aux motifs les plus jolis pour ma belle-mère, des costumes trois pièces de luxe pour mon beau-père, des chaussures de diverses pointures pour homme et femme ainsi que des produits cosmétiques. Tous ces objets achetés étaient rangés dans des valises de marques européennes qui furent livrés à domicile dans la soirée. Au moment de faire les comptes, elles se rendirent compte qu'elles n'avaient plus que deux-cent-milles francs CFA en leur possession et en même temps, elles se rappelèrent de n'avoir pas fait les bijouteries. Je ne pouvais m'empêcher de me marrer en regardant la stupéfaction et la déception qui se lisaient sur leurs visages. Après ce moment de délire et d'extase, je leur proposai qu'on reparte faire les bijouteries ensemble vu qu'elles fermaient un peu tard pour la plupart. Nous repartions promptement à l'affut des bijouteries avec une bagatelle d'un million et demi de francs CFA dans notre bourse. Nous choisissions la plus grande bijouterie de la ville et nous y entrâmes. Déambulant entre les rayons des marchandises, choisissant bijoux, boucles d'oreilles, colliers et montres. Le montant des achats révélé à la caisse s'élevait à un million quatre cent-milles francs CFA. Quand on revint à la maison aux environs de minuit, tout était enfin réuni pour un retour au village. Plus que trois jours avant la date choisie pour la réalisation de la cérémonie de mariage, il nous était impératif de rentrer au village. Pendant ce temps, mon père s'occupait des courses au village. Il commandait toutes les choses indispensables à la bonne tenue du mariage en attendant que j'apporte l'argent nécessaire pour leurs achats car il n'y avait pas d'agence de transfert d'argent pouvant disposer de la somme à transférer dans les contrées reculées telles que mon village. L'écart de l'indice de développement entre les villes et les villages étant béants, il nous était impératif d'emporter de la liquidité suffisante pour l'organisation de la cérémonie. C'est alors que nous repartions au village avec une bagatelle de dix millions de francs CFA que je comptais bien tout dépenser. A notre arrivée au village, l'atmosphère s'était transformée en celle de jours de fête. Tous les villageois étaient en liesse, s'attelant eux aussi à leur manière à la préparation de cet évènement prétendument supposé grandiose. Dans les rues, les enfants s'activaient à nettoyer et brûler les ordures qui y jonchaient. Les deux couturiers du village étaient débordés. Les jeunes filles ne cessaient de faire des allers retours intempestifs dans leurs ateliers, réclamant avec insistance la confection sous peu de leurs tenues de cérémonies. Sous les arbres, dans les concessions, certaines filles improvisaient des salons de coiffure qui ne désemplissaient guère. Toutes tenaient à laisser paraitre leur ravissante beauté le jour du mariage. Une exhibition qui pourrait leur porter chance car c'est en des pareilles circonstances que des rencontres impromptues pouvaient conduire jusqu'au mariage. Aucun détail ne devait être négligé pour que se manifeste toute leur somptuosité.

Enfin, arriva le jour tant attendu. La cérémonie de mariage débuta très tôt. Dès l'aurore, tout le village se retrouva sur la place publique du village. Femmes, hommes, filles et garçons, tous étaient en liesse. Le sacrificateur offrit des sacrifices aux dieux pour avoir leur bénédiction. Qu'ils bénissent notre mariage et nous comble d'une postérité magnifique. Après ces rituels de bénédictions, la cérémonie officielle débuta. Parés dans des tenues traditionnelles, moi et ma femme rejoignîmes la place publique du village. Les notables scellèrent officiellement notre mariage devant une assemblée enjolivée. Les festivités furent lancées par le chef du village. La fête pouvait donc commencer. Nourritures, boissons fusaient de partout, c'était un vrai festin. Sans distinction d'âge ni de sexe, tout le monde se trémoussait, effectuant divers pas de danse endiablés. Les déhanchements des adolescentes étaient d'un envoutement sans pareil. Personne ne pouvait se languir, ni s'ennuyer dans un environnement aussi surexcité. Les festivités s'étalèrent sur deux jours entiers. Personne ne pouvait dénombrer exactement les animaux qui avaient été abattus en cette circonstance réjouissante.

A la fin de la deuxième journée, lorsque que prirent fin les réjouissances, le nouveau couple que nous étions pris la route en direction de la ville. Une nouvelle aventure pleine de challenges débutait alors. Comment s'arrimer au mariage lorsqu'on se marie à un(e) inconnu(e) ? Le trajet en voiture vers la ville fut silencieux, personne n'adressa la parole à son conjoint. La peur de blesser autrui par une phrase mal placée nous tétanisait. Lorsque nous aménagions ensemble, je m'évertuais à rendre heureuse ma femme, lui offrant des cadeaux et lui portant une attention particulière. Malheureusement, je n'avais pas le courage de lui avouer la vérité me concernant. Au début, elle ne se doutait de rien. Au fil du temps, elle commençait à s'interroger sur mes sorties nocturnes à l'improviste. Elle tenait absolument à découvrir mes secrets que je conservais jalousement. Les raisons de mes sorties impromptues étaient très importantes à ses yeux. Ma prise intermittente de médicaments pendant que je n'étais nullement souffrant l'intriguait. Mon épouse me faisait souvent une remarque concernant mon soudain changement d'humeur à chaque fois que je sortais de façon inopinée. Elle me disait que je perdais mon sourire après ces sorties injustifiées, devenais nerveux et triste. Quand ma bonne humeur s'éclipsait à chaque fois que je remplissais ma tâche d'objet sexuel auprès du consortium, elle faisait place à une anxiété qui transformait ma maison en un lieu de recueillement tel un lac de tristesse. Cette répercussion négative qu'avait mon humeur sur mon entourage nourrissait en moi un ressentiment envers le consortium. Ma femme perdait peu à peu confiance en moi.

La confiance est le socle de toute relation humaine. Quand elle n'y est plus, les relations s'envolent, emportés par le vent de l'amitié. C'est à ce moment précis que souffle au loin le vent de la discorde, un vent léger mais extrêmement chaud qui irrite les esprits, semant les querelles à son passage. Lorsque nos proches ne nous font plus confiance, nous devenons faibles et vulnérables. La bonne humeur, la cohabitation pacifique et l'amour s'enlisent dans un sentier bourbeux et pataugent à vue. L'important n'est pas de bien vivre, il faut juste vivre et profiter de chaque instant que la vie nous fait grâce.

Je faisais semblant de ne pas tenir compte de ses remarques même si au fond de mon être elles étaient si ravageuses. En une belle matinée hivernale ensoleillée, elle rangea ses effets puis m'informa qu'elle me quittait car ne pouvant plus cette désapprobation dont elle était quotidiennement victime. A l'entente de ses propos, j'étais dévasté, mon cœur venait de prendre un coup. C'était ma fois de ressentir le choc émotionnel d'une séparation. La gent féminine est l'optimisatrice naturelle de l'homme. Elle l'amène à prendre d'énormes risques dans le seul de l'impressionner. Les sentiments sont un mystère de la vie humaine tant qu'elles sont complexes à comprendre. C'est un mystère qui ne peut être élucidé aussi simplement. Ils procurent les bonheurs les plus incroyables et les malheurs les plus effroyables. Les sentiments sont sources de crises sociales et économiques. On peut passer d'un extrême à un autre soudainement quitter d'un amour prolifique pour passer à une haine viscérale qui ravive en nous l'envie de suicide. Parvenir au suicide est la pire des réussites et le contraire en est le meilleur des échecs. Pour ne pas arriver à ce stade, je m'agenouillais devant elle, la suppliant de rester tout en lui promettant de changer d'attitude à son égard. Je rêve de mourir dans tes bras, ma belle aux yeux bleutés. Tu n'es pas ma raison de vie, tu n'es pas ma moitié, tu es ma vie. J'étais tellement malheureux et persuasif qu'elle finit par surseoir à sa décision. Il ne restait plus qu'à tenir à ma promesse. Cet évènement tragique fut le déclic de mon divorce d'avec le consortium.

Une semaine plus tard, après trois années de loyaux services, je décidais de ne plus servir d'objet sexuel. Aussitôt, je fus démis de mes fonctions dans le consortium et tous mes avoirs gelés. Ce fut un retour brusque à la case départ.

Chapitre 3

Ma vie s'avance doucement sur un sentier tortueux, en route vers d'autres obstacles, d'autres souffrances. Je ne sais quel serait le dénouement de cet épisode sombre de ma vie. Une existence parsemée d'embuches, de défis difficilement surmontables. Face à cet amas d'obstacles qui jonchent la voie qui mène vers mon succès, vers ma réussite ; je n'ai pour seul compagnon que ma détermination qui me permet de ne pas fléchir face à l'adversité. J'ai beau été insulté, raillé mais je tiens ferme à mes convictions, assumant en toute fierté mes choix. Rien n'est facile dans la vie ne cessait de me le répéter mon père.

La vie que je mène actuellement aurait été la pire option, le dernier choix si seulement la latitude d'opérer un choix m'avait été accordée. Ceux qui croient en la destinée diront certainement que je suis victime d'un destin perfide, source de la déveine. Pour ma part, je suis convaincu être victime de mes mauvais choix, de mes efforts très peu fournis face à certains défis ; je suis simplement de ma maladresse et de ma paresse. Aucune ambition n'est démesurée, aucune attitude n'est audacieuse. Elles nous permettent d'éviter l'inertie de notre existence. Les actions jugées folles conduisent aux résultats fascinants et spectaculaires les plus inattendus. La discrétion est la clé du succès. C'est ainsi que je me ressaisis et me lança dans une nouvelle aventure... la recherche du salut par le chemin de la chrétienneté.

C'est alors que dans ma quête d'un nouveau départ, Je fis la découverte d'une église de réveil dont la renommée s'étendait au-delà des frontières géographiques. Sur toutes les lèvres, on entendait que du bien du pasteur fondateur. Ses adeptes le comblaient d'éloges. Les foules étaient émerveillées par ses miracles. Il était d'une éloquence moins commune. Pour moi qui voulais me détacher d'une secte sodomisatrice, un homme de dieu doté d'un pouvoir hors norme était la personne idéale qui pouvait me sauver comme le faisait autrefois le célèbre prophète qu'il sert actuellement. Cela faisait déjà quelques années que je n'avais pas mises les pieds dans un lieu de culte. Oui, depuis que j'avais rejoint le cercle d'amis. La honte m'avait envahi et découragé car je me sentais impur pour y mettre pied.

En une matinée d'une journée dominicale, je pris mon courage et me rendis dans sa chapelle. Le prophète avait bâti une grande chapelle d'une capacité d'environ trois mille places avec un décor d'intérieur semblable à celui d'un château royal. Ils y avaient déroulé du tapis rouge dans toutes les allées, on se croirait dans une salle de spectacle VIP (Very Important Person). Toutes ces fioritures contenues dans la chapelle étaient futiles pour moi. J'avais ardemment soif d'un miracle dans ma vie.

Je pris un siège au fond de la chapelle et m'assieds dans la discrétion. Le culte se déroulait dans une atmosphère déchanté, l'assistance était survoltée. Malgré une très bonne sonorisation dans la salle, le bruit de la foule surplombait tout le quartier annihilant au passage tous les autres sons. Le prophète enchainait avec une certaine facilité les délivrances au cours de son exhortation. J'étais stupéfait par ses miracles mais je devais me tenir tranquille. Chose faite jusqu'au moment où le pasteur me pointa du doigt et disait : « Toi, âme perdue qui se cache au fond de la chapelle. Libère ton cœur ! Libère ton âme ! ». En prononçant ces paroles, il s'avança et vint se tenir sur moi puis il reprit : « Esprit satanique de sodomie qui possède ce corps, je t'ordonne de sortir. Je t'ordonne de t'en aller loin de cette âme. Va-t'en loin d'ici ! ».

J'étais étonné qu'il sache que j'étais un bisexuel sodomiseur-sodomisé. J'étais couvert de honte. Le temps que je me rende compte, il posa sa main sur ma tête et continua ses invectives à l'endroit des esprits maléfiques qui me possédaient. J'entrais en transe. Je n'avais aucune idée de ce qui s'était passé jusqu'à mon réveil, mon retour à la vie pour paraphraser l'homme de dieu. Dès que j'ouvris les yeux, Je me voyais couché sur le sol de la chapelle entouré de plusieurs personnes qui s'écriaient : « Alléluia ! Dieu soit loué ! Gloire à dieu ! Merci seigneur ! ». Dans cette cacophonie, le pasteur reprit la parole : « mon fils, lève-toi ! Le christ t'a sauvé. Je t'ai sauvé de la main du méchant. Reprends ta place et rejoins-moi à la fin du culte pour un entretien ». A cet instant précis, je me considérais comme étant l'homme le plus chanceux sur terre. J'étais réconforté et revigoré par les propos du prophète. Il n'y avait plus de place pour la honte dans mon cœur. J'étais prêt à assumer mon passé homosexuel sans aucun complexe. A partir de cet instant, je m'engageais fermement dans les activités ecclésiastiques. N'ayant pas de travail, je passais mes journées dans la chapelle, méditant incessamment les Saintes Ecritures. C'est ainsi que le prophète me remarqua et promit de m'aider à me relever.

Malgré mon occupation par les activités ecclésiastiques, ma situation financière me préoccupait énormément. Il me fallait une alternative sous peu pour sauver mon mariage. Comme j'étais habitué à la vie de luxe, je ne supportais plus la pauvreté. Le fait de penser à mener une vie de précarité m'estomaquait. Pour une personne qui avait atteint le sommet, le haut de l'échelle sociale, la chute est plus dure et plus douloureuse. Ayant toujours un brin d'orgueil en moi, j'étais déterminé à recouvrir ma richesse. Je ne cessais de me plaindre auprès du prophète. Un jour, à la fin du culte, il demanda mon contact téléphonique afin de m'aider. Etant dans une institution religieuse, je n'avais aucune méfiance vis-à-vis des aides qu'on me proposait. Je n'avais aucune raison de soupçonner le mal. Je rentrais joyeux, fredonnant un cantique que je connaissais depuis ma tendre enfance. J'étais heureux, certain de remonter la pente, escalader à nouveau l'échelle sociale. Il était vingt heures pendant que je m'apprêtais à me coucher, mon téléphone se mit à sonner. C'était le prophète qui m'appelait. Je décrochais avec empressement et d'un ton mielleux, je répondais par l'affirmatif à mon bienfaiteur. Apres avoir pris de mes nouvelles, il me proposa de le rejoindre à l'instant dans la chapelle pour des affaires me concernant. Vu tout ce qu'il faisait pour moi, je ne pouvais rien lui refuser quitte à braver l'insécurité nocturne qui régnait dans de la ville. Pas le temps de prendre une douche, j'enfilais dans la précipitation un ensemble et me voilà en chemin vers la chapelle. Excité à l'idée d'avoir été convoqué par le prophète, je fredonnais avec gaieté des cantiques en cours du chemin, ne me souciant aucunement des noctambules malintentionnés qui empestent. Je le rejoignis dans la chapelle lorsqu'il était vingt-deux heures. Il me reçut avec enthousiasme et fut surpris de ma promptitude. On se confia en prière au seigneur avant de débuter la rencontre. Après la prière, il me demanda qu'on rejoigne une autre pièce pour mieux discuter. Nous quittions alors l'enceinte principale de la chapelle pour une pièce située au fond d'un couloir derrière le prétoire de la chapelle.

Lorsque nous entrions dans la pièce située au fond d'un couloir derrière le prétoire de la chapelle, nous nous installions sur une natte à l'entrée de celle-ci. Elle était noire de sorte que l'on ne pouvait même pas apercevoir son décor. Dans cette absence de nitescence, le prophète prit la parole, d'un ton hésitant, il me dit : « Mon fils, je connais ton histoire, tes souffrances et aussi tes ambitions. Etant un homme de dieu, dévouée et charitable au service de la communauté, je ne pouvais rester insensible face à toutes ces épreuves que tu as enduré et que tu endures encore. C'est ainsi que j'avais soumis ton cas à dieu et il m'a répondu en m'ayant montré des révélations à ton sujet. Es-tu prêt à entrer dans la grâce de mon dieu et recevoir mon aide à travers une consécration ? »

A l'entente de ces propos, je fus pris de frayeur. Dans la fraicheur de la nuit hivernale, des sueurs dégoulinaient sur mon corps. L'obscurité qui régnait autour renforçait de plus mes inquiétudes alimentant ainsi mes peurs. Les spectres de mes engagements aveugles dans des organisations et confréries que je connaissais peu ou pas me revinrent à l'esprit. L'étau se resserrait de nouveau à mon cou. J'étais pris entre la peur de m'engager dans un univers qui m'est inconnu et la crainte d'une éternisation dans une précarité économique et sociale. Au vue de cette conjonction de circonstances, Ma réponse tardait à venir, dans ma tête s'entrechoquaient des milliers d'idées. Il reprit : « mon fils, je sais que la prise d'une décision o combien importante n'est pas aussi aisée au vu de ce que tu as pu traverser. Rejoins l'enceinte principale de la chapelle et réfléchis-y toute la nuit. Apporte-moi une réponse avant le lever du jour». C'était pour moi un grand soulagement, c'est comme si on venait de retirer ma tête de sous la guillotine. Je revenais dans l'enceinte de la chapelle frileux et tout confus. A peine je m'asseyais sur une chaise que je me mis à trembler. Je ne pouvais comprendre l'origine de ces tremblements qui m'envahissaient. Etaient-ce les conséquences de la peur ou du soulagement ?

Comme j'avais toute la nuit pour me décider, j'essayais de ne pas paniquer, ni stresser mais la pression était vive et certaine. A travers l'obscurité de la petite chambre d'à-côté, je pouvais m'imaginer déjà à quoi j'allais être confronté. Depuis mon enfance, je n'avais cessé d'écouter des histoires concernant les pratiques occultes qu'opéraient certaines personnes à la recherche du pouvoir et de l'argent. La confusion était inimaginable, elle entrainait une déception exacerbe. Pour l'amour de l'argent et la haine de la misère, j'avais du délibérément opté pour le mal, pour le monde spirituel obscur. Il était trois heures du matin quand j'eu le courage d'accepter ma propre décision. Il ne me restait plus qu'à assumer ma décision, appréhender de la meilleure des manières possibles les enjeux de celle-ci. Je reparti alors toquer à la porte de la pièce obscure pour voir le prophète qui ne l'avait point quitté toute la nuit durant. Un instant plus tard, il ouvrit la porte. Malgré le peu de lumière qui illuminait le couloir qui y menait, je remarquais qu'il s'était focalisé sur mes lèvres, attendant impatiemment ma décision. Lorsque je lui fis comprendre que j'acceptais d'entrer dans la grâce de son dieu, il me tapota l'omoplate en disant : « Sage décision mon fils ! ». Sans perdre de temps, nous rejoignions la pièce obscure qui était en réalité le sanctuaire de la secte religieuse dont le prophète en faisait partie pour une présentation officielle aux membres et aux esprits. Le prophète se mit à réciter des prières invocatrices qu'il me demanda de répéter après lui. Puis, des créatures étranges apparurent. Ils me firent boire des breuvages dégueulasses dont je n'ai aucune envie de m'en souvenir et m'oignirent d'huiles nauséabondes. Apres un rituel de plus d'une heure, je sortis du sanctuaire tout confus et épris de honte. Heureusement, il n'y avait personne dans la chapelle car les premières lueurs de soleil apparaissaient encore. Le prophète m'indiqua la salle de bain afin que je prenne une douche puis il me prit de partager avec lui son petit-déjeuner afin d'échanger autour de la nouvelle aventure dans laquelle je venais de m'embarquer. Malgré que la table de déjeuner fut garnie de divers aliments, je ne pus m'en régaler malgré la faim qui me tenaillait car j'étais dépourvu d'appétit. Je devins en l'instant d'une matinée à la limite anorexique sous l'effet de la pression encaissée suite à mon adhésion dans la secte religieuse mystique. La crainte de l'inconnu me hantait, j'étais inquiet à propos des sacrifices que j'aurais à faire. La peur de ne pouvoir être à la hauteur des exigences de la secte me rendit grabataire. Je le priais de m'excuser car il me fallait rentrer instantanément. A peine j'avais mis les pieds à la maison que je ressortais. Je n'étais rentré que pour récupérer le peu d'argent qui me restait. Il m'était impératif de prendre de l'air pour me changer les idées. Je me rendis alors dans un bar espérant me déstresser en me saoulant mais hélas, tous les liqueurs avalées cul-sec ne produisaient aucun effet dans mon esprit. J'avais tant regretté de n'avoir en ma possession de l'élixir. C'était probablement l'unique solution qui puisse me sortir de ce pétrin. Je finis par m'assoupir dans le bar. Arrivé à huit (08) heures du matin dans le bar, j'en ressortis à dix-sept(17) heures. Le stress s'intensifiait au fil du temps et me donnait des hauts les cœurs. Mon épouse ne comprenait pas mon soudain changement d'attitudes. Toutes ces tentatives pour connaitre l'origine de ce changement de comportement recevaient une fin de non-recevoir. J'encaissais en silence les affres de mes choix.

Après que j'eusse accepté d'adhérer dans la secte religieuse sous le parrainage du prophète, on me donna le code de conduite. Parmi tant de restrictions qu'il m'imposait, il y'en avait une qui me préoccupa. Il s'agissait de l'interdiction formelle de procréer. Sacrilège ! Quel imbroglio ! Je venais de me marier il y'a à peine une année. Renoncer à ma progéniture était inconcevable car j'y avais tant songé. Pourtant, il était trop tard car j'avais déjà signé le pacte. J'eu beau réfléchir à des astuces pour passer outre cette restriction mais en vain. Face à mon inquiétude et ma déception, le prophète intervint avant que je ne commette l'irréparable car mon attitude laissait paraitre une bévue imminente. C'est ainsi qu'il me conseilla des alternatives auxquelles il avait eu recours dans le passé. Ces alternatives étaient entre autres l'adoption légale, la procréation médicalement assistée (PMA) et la gestation pour autrui (GPA). Grâce à ces diverses méthodes de procréations artificielles, il s'était fondée une famille dont il en était très fier me disait-il. Cependant, mise à part l'adoption qui était autorisée dans notre pays, les autres y étaient interdites. Dans une société peu favorable à la mondialisation, ancrée sur des préceptes religieux ou traditionnels, il était difficile de faire passer les lois jugées comme portant atteinte aux valeurs morales et remettant en cause la conception fondamentale de la famille. Ayant les mains liées, j'avais dû me résoudre à respecter la condition imposée par la confrérie à contrecœur. La difficulté résidait dans la manière avec laquelle je devais me justifier auprès de mes parents, eux qui attendaient impatiemment de voir leur petit-fils ou petite-fille. Je ne cessais de réfléchir aux astuces et aux arguments fiables qui convaincraient tout esprit interrogateur.

Après maints réflexions et moult remises en questions, je me résolus à inscrire ma femme dans un établissement de formation professionnelle où elle devrait suivre des cours des cours d'alphabétisation car elle n'avait jamais foulé le sol d'une classe d'école. Née dans une société ancrée à la tradition, qui défendait rigoureusement ses valeurs ancestraux, où les filles n'avaient pas le droit d'aller à l'école dite des blancs car cette dernière était considérée comme un instrument de perversion. De ce fait, les gardiens de la tradition usaient de tous les pouvoirs qu'ils disposaient pour imposer leur vision à tous les villageois. Auprès de leurs parents qui habitaient dans d'autres contrées et qui osaient envoyer leurs filles à l'école, ils envoyaient des hérauts qui n'hésitaient pas de menacer les parents de celles-ci qui, pris par la peur des représailles occultes finissaient par retirer leurs jeunes filles des milieux scolaires. Toutes les femmes de la communauté étaient analphabètes et par ricochet ne pouvaient se consacrer qu'aux tâches ménagères. Je savais qu'en prenant cette décision, je venais de déclarer une guerre à toute une armada de conservateurs traditionnels, dépositaires des plus grands fétiches de la région. Heureusement pour moi, mon père usa de diplomatie auprès des notables en leur présentant mes réalisations au village comme circonstances atténuantes. Malgré la détermination de certains qui tenaient absolument à me bannir, l'orage finit par se dissiper. Ils acceptèrent de m'accorder un sursis c'est-à-dire une seconde chance. J'étais très content quand mon père m'annonça cette bonne nouvelle. Je pouvais maintenant me consacrer à ma nouvelle vie sans qu'une quelconque inquiétude ne plane sur ma tête.

Mon adhésion dans la secte religieuse et tueuse me rendit plus riche et plus célèbre. Ma fortune s'accroissait sans que je n'investisse dans un quelconque projet. Elle était de source occulte. Face à cette disponibilité de billets de banque de façon exagérée en ma possession, j'ouvrais des dizaines de centres commerciaux dans l'optique de blanchir cette fortune mystique. Malheureusement, ces ouvertures de centres commerciaux n'étaient que peine perdue car les rayons de ceux-ci se remplissaient mystiquement à la fin de chaque semaine à minuit. Je nageais dans un lac de billets. De l'argent, on en trouvait partout dans ma résidence. Malgré les bagatelles déposées chaque fin de semaine dans les banques de la ville, des lisses de billets se trouvaient dans toutes les chambres de ma demeure, dans toutes les voitures que je possédais et cela commençait à m'asphyxier peu à peu.

Dans ma quête d'alternative à la croissance exponentielle de ma fortune, il me vint à l'idée de créer une association caritative. Après Quelques semaines de tracasseries administratives et me voilà propriétaire d'une organisation non-gouvernementale caritative. C'est ainsi qu'à travers cette organisation, je devins en l'espace de quelques mois le plus grand philanthrope du pays venant au secours des sinistrés des catastrophes naturels et artificiels (inondations, famines, incendies...), des personnes atteintes de maladies rares en leur offrant des évacuations sanitaires tous frais payés, des contrées éloignées en construisant des écoles et forant des fontaines à motricité humaine partout où besoin se faisait sentir. En pensant à mon passé, je me disais qu'il fallait accorder du respect et de la considération à autrui quel que soit son rang social en lui permettant de mieux vivre. Alors, je m'évertuais à investir dans le social sans limites persuadé de faire une bonne œuvre. Toutefois, je profitais de ces donations pour me racheter et soulager ma conscience de toutes les atrocités inimaginables qu'on commettait au nom de la secte religieuse. J'étais le plus jeune entrepreneur très riche du pays du fait que toutes mes entreprises avaient pignon sur rue. Pendant que les mois s'écoulaient, je m'ancrais de plus en plus dans les pratiques mystiques de la secte.

Un jour, pendant nos rituels ordinaires, le chef me recommanda de sacrifier mon père dans un délai n'excédant pas deux semaines à compter de l'instant présent. La décision avait été acté par mes supérieurs hiérarchiques donc j'étais contraint de m'y conformer sans rechigner. Dans l'idéologie de la loge, le passé et le futur de chaque adhérent devraient être supprimés pour ne laisser la place qu'au présent qui s'exprimait par le dévouement à celle-ci. C'était la raison pour laquelle les nouveaux membres étaient contraints de sacrifier un de leurs géniteurs et s'absoudre à ne pas procréer. Le sacrifice de mon père fut l'épisode le plus dramatique de ma vie. J'avais passé des dizaines de semaines reclus dans mon microcosme. Personne dans mon entourage ne savait ce qui me contraignait à adopter cette attitude. Tout le monde pensait que j'étais dévasté par la perte soudaine de mon père or c'était le poids de la culpabilité qui me rongeait, m'anéantissait à petit feu. Ce sacrifice fut un déclic, l'élément déclencheur d'une haine qui s'était accrue au fil du temps à l'égard de la loge. A partir de cet instant, je perdis le goût de la vie, plus rien ne m'intéressait. L'argent n'avait plus aucune valeur à mes yeux. C'est alors que je commençais à m'absenter très souvent des réunions, à ne pas effectuer les rituels sacrificatoires dans les délais fixés. Je prenais peu à peu mes distances avec cet univers rempli d'hommes pathétiques et d'entités cannibales. Ce comportement belliqueux que j'affichais agaçait les membres de la secte qui, par le biais du prophète me reprochèrent dans des propos peu aimables qui exprimaient des menaces à peine voilées qui seraient exécutées si je ne revenais pas dans le rang. Le prophète me fit comprendre que j'allais perdre tous mes pouvoirs ainsi que ma fortune si j'osais désobéir aux ordres venant d'en-haut ou quitter la secte. Au pire des cas, je perdrais ma vie. Je l'entendis déballer son récital plein d'invectives sans pour autant l'interrompre ni témoigner d'un désintérêt à cela. Serein dans mes prises de décisions, toutes ces mises en garde ne m'influençaient guère car je n'avais plus rien à perdre dans cette vie qui me dégouttait tant, l'irréparable ayant été déjà commis. Une semaine plus tard, je pris la décision ferme et irrévocable de quitter la secte en adressant un courrier au prophète, lui par qui les portes de l'enfer, que dis-je ? les portes de la secte m'avaient été ouvertes.

Quelques jours plus tard, ma fortune me disparaissait comme sous l'effet d'une baguette magique. Mes comptes bancaires étaient tous à découvert pour une raison ou une autre. Mes entreprises firent faillite, tout le personnel licencié. Pour payer les indemnités de mes salariés qui s'étaient pourvus en justice, tous mes biens matériels furent saisis. Comme un château de cartes, mon empire venait de s'écrouler sous mes yeux. Comme des écritures sur la plage que les vagues viennent d'effacer, une page de ma vie venait de s'effacer. Je me retrouvais seul dans la rue, errant comme un mendiant à la quête d'une providence clémente. L'amour seul ne suffisant pas pour le maintien et l'épanouissement d'une relation amoureuse, ma femme me quitta également. Tout me tombait dessus comme si les portes de l'enfer s'étaient déliées, déchaînant ainsi les malheurs et les catastrophes à mon égard. Mes parents du village murmuraient que c'étaient les dieux qui n'étaient pas contents de mon comportement. Mes frères chrétiens par contre, pensaient que j'étais éprouvé comme l'avait été Job rapportés dans les Saintes Ecritures. Mes voisins du quartier trouvaient en ma chute un réconfort dans leurs supputations comme quoi ma fortune était démoniaque. Chacun y mettait du sien, étalant avec brio sa conception. Toutefois, personne n'osait me le dire de vive voix. En ma présence, ils ne se contentaient que de me passer la brosse à reluire comme pour me remonter le moral. Pourtant, j'aimerais qu'un jour, vous me dites la vérité, que vous m'exposez le fond de votre pensée me concernant. Vos compliments sont certes encourageants mais ils ne me permettent guère d'avancer sur le bon chemin. Je veux que quiconque puisse me dire la vérité en face sans langue de bois, qu'il me critique, qu'il me fasse des remarques. C'est ainsi que je pourrais m'améliorer. Personne ne peut se construire seul car la création qu'elle soit divine ou scientifique a fait de l'homme un être social et il le demeure jusqu'aujourd'hui. Toute bonne édification repose nécessairement sur un fondement social. Vos avis sont les bienvenus car ils sont vitaux pour mon épanouissement intellectuel et social.

Chapitre 4

Actuellement, j'ai trente années d'existence sur terre. J'ai envie de redevenir ce petit garçon innocent qui jouait au football avec des vieilles chaussettes rembourrées, ce petit garçon qui jouait à la marelle sans se soucier du lendemain. Quand je regarde en arrière, le chemin parcouru est long, le gap entre l'insouciance d'autrefois et l'inquiétude d'aujourd'hui. Je me désole d'être métèque partout où j'y vais. Malgré les déprimes que j'avais connu, les épreuves atroces que j'ai eu à subir, je me sens plus fort que jamais car la pire humiliation de notre vie est celle qui nous permet de prendre conscience de notre état de dépendance ou de soumission afin de nous révolter. Ma détermination et ma témérité n'ont point été entamées. L'échec est révélateur de destin, il nous rapproche de notre vocation cachée. Dans certains cas, elle suscite un regain d'empathie et nous humanise. J'avais plié sous la force des vents violents. Comme les roseaux, je n'ai point cédé et j'ai fini par comprendre qu'être au sommet de la pyramide sociale n'est pas forcement l'aboutissement d'un travail acharné à la base mais souvent la maitrise d'un réseautage efficace qui joue le rôle de propulseur. Mon histoire j'espère, servira de garde-fous à tous les jeunes qui s'acharnent dans la recherche d'emploi avec des rémunérations élevées. Parfois, nous demandons trop de bonté à la vie oubliant que le prix à payer est souvent lourd. Le revers de la médaille étant généralement proportionnel à sa face.

La conscience morale est relative et dépend des règles qui régissent chaque société. Elle n'est donc pas une notion universelle. Je ne suis aucunement contre la liberté sexuelle d'autrui mais cependant, cette liberté sexuelle doit s'exprimer dans le respect de la liberté d'autrui. Ces relations homosexuelles imposées par les gourous en contrepartie de faveurs matérielles et financières ne sont plus ou moins des viols. Mon histoire ne tient pas à diaboliser non plus les consortiums et les religieux mais tient simplement à préciser que parmi les entreprises florissantes qui pullulent et les ministères religieux qui ont le vent en poupe, il existe des individus véreux qui n'ont aucun remord à abuser de la naïveté de leurs prochains. Ces vendeurs d'illusions usent de tous les stratagèmes sournois pour parvenir à leurs fins en se faisant passer pour des bienfaiteurs d'une désemparée par tant d'années de chômage. Il est temps que la jeunesse cesse d'être une proie facile pour des personnes vicieuses. Qu'elle devienne inventive, ambitieuse et patiente. L'inventivité d'esprit permet de mettre au point des concepts inédits qui démarquent l'auteur et lui offre des opportunités d'investissements. L'ambition cultivée quotidiennement permet de demeurer optimiste et incite à braver les obstacles, repousser les frontières des idées reçues. La patience est la clé de tous les succès quel qu'ils soient. Aucune réussite ne s'accomplit sans une patience de caméléon. L'impatience mène dans la plupart des cas vers la fatalité et la perdition. Le pessimisme est comme un cancer qui ronge à petit feu les cellules humaines. Il fait perdre peu à peu espoir à l'être humain chez qui il a pris ses quartiers, ce qui peut conduire l'individu à des prises de décisions désastreuses. Rien ne sert non plus de penser que l'eldorado occidental est un paradis. C'est lorsque nous comptons sur un soutien extérieur que tout nous parait difficile car la démotivation nous gagne et nous avilit. Il est aberrent que le bonheur ne se trouve nulle part ailleurs que chez soi.

S'endetter à hauteur de millions de francs CFA ou d'autres monnaies pour aller risquer sa vie dans les périples de la migration est une bêtise voire une sottise du moment où l'on peut investir cette somme dans des activités génératrices de revenus bénéfiques à toute sa communauté. L'eldorado occidental est un mythe auquel il ne faut plus rêver. Il est bien vrai que rêver est important pour la santé mentale de l'Homme. Cependant, il est vital de se rappeler que les rêves ne se déroulent que pendant le sommeil. Nous devons renoncer au confort matinal de nos dortoirs et nous battre contre vents et marées pour réussir. La réussite n'est pas un état d'esprit mais un fait alors il est futile de rêver de réussite sans se donner les moyens pour y parvenir ; c'est en effet de la fabulation.

Quand la détermination et la motivation y sont, nous sommes en quelque sorte immunisés contre les obstacles et les coups bas... Il ne faut jamais perdre de vue le fait que les piqures des abeilles ne font pas mal à celui qui recueille le miel. La vie est dure et cette vérité, personne ne pourra la nier. En elle, il n'y a aucune place pour la facilité et la paresse. Pour pouvoir s'en sortir dans cette vie, le pessimisme n'est pas une option, la fatalité non plus car même la plus banale des aventures doit s'en passer. Bref, vivre, c'est lécher du miel sur des épines et je l'ai appris à mes dépends. En dépit de toutes ces conjonctions de circonstances, je reste serein et déterminé. Plus optimiste comme jamais, je crois en un avenir radieux malgré les obstacles qui se dressent sur mon chemin. Nous humains, commettons à chaque fois la plus grosse erreur de notre existence, celle de vouloir tout posséder instantanément. Nous refusons de repousser certaines échéances à plus tard. Ensuite, nous nous offusquons d'avoir été scarifié par la vie. Le seul secret est de savoir choisir ses priorités en fonction des voies et moyens disponibles pour amorcer la réalisation de nos projets. Le destin est comme le visage humain qui peut être transformé à volonté suivant les humeurs de l'individu et les apports des produits cosmétiques. Un peu de maquillage et de chirurgie esthétique donne un tout autre aspect au visage. De même, le courage, la détermination et l'abnégation au travail apportent une embellie à votre destin, le faisant changer parfois même de sens. Il passe donc d'une apparence lugubre à une nitescence éblouissante.

L'important est d'être libre non seulement dans son champ d'action mais également dans son esprit. La liberté est la plus belle chose que peut posséder l'être humain, une réelle source de fierté dont il peut s'en orgueillir à volonté. Il n'est guère une nécessité à l'homme d'être au sommet de la pyramide sociale, être le soleil qui éclaire les autres. L'essentiel réside en la réussite de sa vie, c'est-à-dire acquérir et assumer son indépendance globale. Etre une étoile au sein de la constellation à défaut d'être le soleil, être le chien à défaut d'être le lion. La nécessité intrinsèque est celle d'obtenir sa pitance quotidiennement. Ne jamais s'avouer vaincu car perdre patience avant l'atteinte d'un objectif est révélateur d'un faible état d'esprit. Cette réussite n'est possible que si on y réfléchi chaque instant, peaufinant les stratégies de la mise en place de celle-ci. Rien n'est impossible quand on y met du sien c'est-à-dire de la détermination, de la motivation, de la persévérance et de la patience.

Nous recherchons sans relâche le bonheur par le biais de l'argent or le véritable bonheur, c'est d'être entouré par des personnes exceptionnelles qui nous procurent des sensations extrêmes et nous conduisent à avoir confiance en nous-mêmes.

Dans cette vie, l'on ne peut passer comme une lettre à la poste. Le passage au laminoir est absolu. Cependant, vos idéaux ne doivent jamais passer à l'huche au vu des difficultés rencontrées. Tant que vous n'avez pas passer l'arme à gauche, le combat continue, la bataille doit se poursuivre avec rage, tact et détermination.

Table des Matières

Printed by Books on Demand GmbH, Norderstedt / Germany